AF338882

PRIÈRES

POUR DEMANDER

PARDON A DIEU

DES CRIMES COMMIS

CONTRE LEURS MAJESTÉS

LOUIS XVI, LOUIS XVII,

LA REINE MARIE-ANTOINETTE, MADAME ÉLISABETH,

DU MASSACRE DES ÉVÊQUES ET DES PRÊTRES,

ET DE TOUS LES SACRILÉGES QUI ONT EU LIEU PENDANT LA RÉVOLUTION.

Parce, Domine, parce populo tuo, ne in æternum irascaris nobis.

PARIS.

LE NORMANT, IMPRIMEUR-LIBRAIRE,

RUE DE SEINE, Nº 8, FAUB. S. GERMAIN.

MDCCCXIX.

AVANT-PROPOS.

De grands crimes se sont commis pendant notre trop fameuse révolution : le meilleur des Rois, qui aimoit si tendrement son peuple, a été sacrifié de la manière la plus indigne et la plus révoltante ; la Reine, son épouse, sa sœur, ont subi le même sort ; le Dauphin, Louis XVII, est mort à la suite des tortures qu'on lui a fait éprouver ; grand nombre d'Evêques et de Prêtres ont été massacrés impitoyablement ; d'autres ont été chassés, exilés ou proscrits ; beaucoup ont été noyés, ou sont morts dans la plus affreuse misère, sur une terre étrangère. Pendant ces jours de crimes, toutes les Églises ont été dépouillées, profanées, et ont servi aux usages les plus vils et les plus honteux ; une apostasie générale a régné sur toute la France : au culte du vrai Dieu on a substitué le culte impie et dérisoire de la Raison ; des filles prostituées ont été mises à la place de la Divinité, et ont reçu l'hommage et l'encens sacriléges des déserteurs de la Religion. Tous ces crimes ont été publics, ayant été commis à la face du ciel et de la terre, et il n'y a point eu de réparation publique, si ce n'est celle qui se fait le 21 janvier et le 16 octobre ; encore, combien qui la blâment, qui refusent d'y participer ! Hélas ! qu'ils sont loin d'être pénétrés des sentimens qui animoient les prophètes Jérémie, Daniel et ses compagnons, et les Machabées, qui, quoique justes, confessoient les péchés de leur nation, et reconnoissoient que c'étoit à cause de ses iniquités que le Seigneur les châtioit ! Et la France, non moins coupable que le peuple juif, prétendra qu'elle ne doit

point faire pénitence de tous les crimes qui se
sont commis au milieu d'elle, crimes qu'elle
n'a point empêchés! elle prétendra ne point
devoir apaiser la justice divine! Ne seroit-ce
pas faire de Dieu un être apathique et indolent
qui seroit aussi indifférent aux hommages des
hommes qu'insensible à leurs outrages? Loin
de nous une erreur aussi impie! Reconnoissons, au contraire, que ce sont tous les crimes
qui se sont commis pendant la révolution, qui
ont attiré sur nous tous les malheurs que nous
avons éprouvés, et que, si nous ne nous em-
pressons de recourir à Dieu par une sincère
pénitence, nous devons craindre que nos
maux ne soient encore loin de leur fin; car le
germe de discorde qui se manifeste parmi
nous ne nous avertit-il pas assez que la justice
de Dieu n'est point encore satisfaite ?

C'est donc pour parvenir à ce but si dési-
rable qu'on a composé les prières qui suivent.
Puissent donc ceux qui les réciteront se bien
pénétrer, si innocens qu'ils soient des crimes
de la révolution, de l'obligation où est toute
la France, de réparer par la pénitence toutes
les iniquités, tous les péchés, les massacres
et les profanations sacriléges qui se sont com-
mises au milieu d'elle !

Je voudrois, s'il étoit possible, que le 21
janvier, les 1 et 2 septembre, le 16 octobre et
les premiers jours de mars fussent des jours
de pénitence, puisque c'est en ces jours que le
Roi et la Reine ont été sacrifiés, qu'a eu lieu
le massacre des Evêques et des Prêtres, et
qu'enfin, au commencement de mars l'apostasie a été publique et générale en France. Au
moins, faisons ce qui dépend de nous pour
apaiser *un Dieu entre les mains duquel il est
terrible de tomber*. (Ep. aux Héb., ch. X., v. 31.)

PRIÈRE

Pour demander pardon à Dieu de la mort de LL. MM. Louis XVI, Louis XVII, *de la Reine* Marie-Antoinette, *et de Madame* Elisabeth, *Sœur du Roi.*

O Dieu de Saint Louis ! Dieu de nos pères, pardonnez, pardonnez à notre trop coupable France les crimes énormes qu'elle a commis pendant vingt-cinq ans. Oui, Seigneur, nous l'avouons, nous le confessons en votre divine présence : si votre miséricorde n'étoit aussi grande qu'elle est incompréhensible, jamais, non, jamais, nous ne pourrions espérer de pardon, et tous les fléaux de votre colère suffiroient à peine pour tirer vengeance du sang innocent qui a été répandu, et pour punir tous les sacriléges et les abominations qui se sont commis pendant ces jours d'horreur et de crime.

Comment s'est-il donc fait que cette belle France, qui s'étoit toujours glorifiée de son amour, aussi vrai que sincère, de son inviolable fidélité pour ses Rois, ait été assez foible, assez pusillanime pour permettre que des mains sacriléges attentassent à la vie du meilleur des Rois, que, dans les élans de son amour et de sa reconnoissance, elle désignoit et surnommoit avec attendrissement, comme un autre Louis XII : *le Père du Peuple ?* Comment a-t-elle souffert que, du palais de ses pères, il fût conduit dans une horrible prison ; que là, avec sa famille, il fût abreuvé de fiel et d'amertume par ses propres sujets ; qu'il fût arraché d'une manière aussi barbare que tyrannique, aux objets de son affection, à des objets aussi aimés qu'aimans ; qu'il fût condamné à la mort par une horde de brigands qui auroient dû reconnoître sur son front royal l'empreinte de la Majesté divine ? Comment la France a-t-elle pu souffrir que ces mains royales, qui avoient tant de fois porté des secours à la veuve et à l'indigent délaissés sous leurs tristes et misérables chaumières ; que ses mains, dis-je, fussent liées et garottées comme celles des plus grands criminels ; et qu'enfin sa mort sur l'échafaud fût la récompense de l'amour qu'il avoit pour son peuple ; peuple qu'il aima si tendrement sur le trône, en cherchant à alléger ses malheurs ; qu'il aima si religieusement dans sa prison, en plaignant son aveuglement et son ingratitude ; qu'il aima enfin en héros chrétien sur l'échafaud, en priant encore pour lui et en demandant que son sang ne lui fût pas imputé à péché ?

Comment, ô mon Dieu ! la France, qui reprochoit avec tant de fierté à l'Angleterre son régicide, s'est-elle elle-même rendue coupable d'un semblable crime ? Car, n'est-ce point s'en rendre coupable, que de n'avoir pas employé tous les moyens possibles pour l'empêcher ? Hélas ! toute la France l'a vu, et il ne s'est trouvé personne pour s'y opposer !!! Alors, la rage révolutionnaire, enhardie par ce premier forfait, ne balança plus à porter de nouveaux coups non moins criminels, et bientôt la Fille de tant de Césars, émule des vertus de son digne époux, souffrit le même genre de mort que lui ; et la vertueuse Elisabeth partagea ensuite avec eux la couronne du martyre. En est-ce donc assez ? Ne reste-t-il plus personne du sang royal qui doive être sacrifié ? Ah ! Seigneur, il existoit encore ce jeune et tendre rejeton, qui devoit après son père monter sur le trône de saint Louis, et il falloit que, comme les augustes auteurs de ses jours, il fût en proie aux tortures, aux tourmens les plus cruels et les plus révoltans, et que cette tendre et innocente victime mourût, non sur l'échafaud, mais dans une prison. Hélas ! quel mal avoit-il fait pour mériter un sort aussi rigoureux, lui qui devoit être l'héritier des vertus de son auguste père ! Il étoit fils du Roi, il devoit être Roi ; voilà tout son crime, et dès lors il falloit qu'il pérît. Et n'est-ce pas un miracle de votre Providence, ô mon Dieu ! qui nous a conservé cette ange tutélaire, qui, héritière des vertus de ses parens, s'unit à eux dans le Ciel pour vous demander grâce, miséricorde et pardon pour leurs bourreaux et leurs persécuteurs ? Ah ! puissent ces vœux, ces prières monter jusqu'au pied du trône de Votre Majesté, et nous obtenir le pardon que nous vous supplions d'accorder à votre peuple !

Parce, Domine, parce populo tuo, ne in æternum irascaris nobis.

PRIÈRE

Pour demander pardon à Dieu du massacre des Evêques, des Prêtres, et de tous les Justes immolés pendant la révolution.

SEIGNEUR, au crime du régicide, combien d'autres se sont succédé avec une effrayante rapidité ! Combien de ministres de vos saints autels ont été les victimes des fureurs révolutionnaires ! « Les corps morts (de vos prêtres), de vos » serviteurs ont été exposés pour servir de nour- » riture aux oiseaux du ciel, et les chairs de vos » Saints pour être la proie des bêtes de la terre. » Leur sang a été répandu comme l'eau autour » de Jérusalem, et il n'y avoit personne qui » leur donnât la sépulture. » (*Ps.* 78, ℣. 2 et 3.) Ah ! Seigneur, tant de sang innocent ne crie-t il pas et ne demande-t-il pas vengeance, comme autrefois celui des martyrs qui a été répandu dans Rome idolâtre (*Apoc.*, *chap.* 6, ℣. 10); et vos Saints ne se réjouiront-ils pas en voyant la sévérité des jugemens que vous exercerez contre une nation rebelle et ingrate qui a méconnu votre loi sainte, et l'alliance que vous aviez faite avec nos pères, alliance qui avoit été jurée à la face du ciel et de la terre, et scellée du Sang de Jésus-Christ ? Combien donc ne devons-nous pas craindre la rigueur de votre justice ? Vous, Seigneur, qui, dans l'Ancien Testament, aviez appris à votre peuple le respect que vous vouliez qu'on eût pour vos prêtres, en disant : *Gardez-vous bien de toucher à mes oints, et de maltraiter mes prophètes* (*Ps.* 104. ℣. 15.); qui avez justifié cette ordonnance de votre loi par des miracles éclatans de votre toute-puissance, et avez puni d'une manière frappante les prévaricateurs (*Liv. des Nomb.*, *chap.* 16 *et* 17); et qui, dans le Nouveau Testament, nous enseignez : *Que celui qui les écoute vous écoute; que celui qui les méprise vous méprise, et que celui qui vous méprise, méprise celui qui vous a envoyé* (*Ev. S. Luc*, *chap.* 10, ℣. 16), ah ! combien l'iniquité et l'impiété ont été plus loin parmi nous ! Non seulement on ne les a point écoutés, mais ils ont été méprisés, haïs, détestés, rebutés comme les ordures de la terre, traités comme des malfaiteurs, et que beaucoup ont été mis à mort à cause de leur attachement à la religion. O mon Dieu ! est-ce bien en France que tous ces crimes ont été commis ? Combien doit être fervente notre pénitence; et pouvons-nous jamais trop faire pour mériter notre pardon? Pardonnez, Seigneur, pardonnez à votre peuple, nous vous en conjurons, et ne nous traitez pas selon la grandeur et l'énormité de nos crimes, ni selon la rigueur de votre justice; car, autrement, c'en est fait de nous; mais, souvenez-vous à notre égard de vos anciennes miséricordes.

Parce, Domine, parce populo tuo, ne in æternum irascaris nobis.

PRIÈRE

Pour demander à Dieu pardon des sacriléges et de l'apostasie qui ont eu lieu pendant la révolution.

SEIGNEUR mon Dieu, qui donnera de l'eau à ma tête, et à mes yeux une fontaine de larmes pour pleurer jour et nuit (*Jér.*, *chap.* 9, ℣. 1ᵉʳ) les crimes de ma nation ? Qui me donnera de pleurer la mort du meilleur des Rois, le massacre de vos prêtres, enfin, l'apostasie de ce peuple ? Hélas ! *l'impie a dit dans son cœur, il n'y a point de Dieu* (*Ps.* 13, ℣. 1ᵉʳ); et alors, à quels crimes détestables, à quels abominables sacriléges ne s'est-il point livré ? « O Dieu ! disoit
» le Psalmiste, les nations sont entrées dans votre
» héritage; elles ont souillé votre saint temple;
» elles ont réduit Jérusalem à être comme une
» cabane (*Ps.* 78, ℣. 1ᵉʳ). Ceux qui vous
» haïssent ont fait leur gloire de vous insulter au
» milieu de votre solennité, et ont placé leurs
» étendards en forme de trophée au haut du
» temple, comme aux portes; ils ont, d'un
» commun accord, abattu et mis en pièces ces
» portes à coups de hache....; ils ont, avec la
» cognée et la hache, renversé votre héritage;
» ils ont mis le feu à votre sanctuaire, et l'ont
» brûlé; ils ont souillé sur la terre le tabernacle

» de votre saint Nom ; ils ont conspiré tous en-
» semble, et dit au fond de leur cœur : faisons
» cesser, et abaissons de dessus la terre tous
» les jours de fête consacrés à Dieu. » (*Ps.* 73,
du ℣. 4, *jusq.* 8.)

En effet, quels sacriléges, quelles profanations
n'ont point été commis dans vos saints temples?
Les signes et les images de notre rédemption
abattus, mutilés ; les autels et les tabernacles où
résidoit le Saint des Saints, renversés ; des filles
prostituées mises à la place de la Divinité, et rece-
vant l'hommage impie, l'encens sacrilége des lâ-
ches déserteurs de la Religion ; une ridicule décade
substituée au Dimanche ; l'irréligion poussée jusqu'à revêtir les plus vils animaux des habits sacer-
dotaux, qui ne servoient qu'à la célébration de
nos augustes et redoutables mystères ; enfin, votre
saint Nom outragé, blasphémé, et votre Toute-
Puissance méconnue.

Tels sont, ô mon Dieu ! les crimes qui se sont
commis au milieu de nous, crimes dont le ciel et
la terre ont été témoins, mais qui ne l'ont point
été de notre pénitence ! Ah ! Seigneur, par
quelles hosties, par quels sacrifices, par quelles
prières et par quelles supplications pourrons-
nous mériter notre pardon ?

Mais, Seigneur, n'a-ce point été pour nous
punir de tant d'iniquités, de sacriléges et de
sang innocent qui a été répandu, que vous avez
versé sur nous la coupe de votre colère et de
votre indignation, en faisant servir tous les élé-
mens à votre justice vengeresse, en permettant

que votre peuple devînt la proie des hommes sanguinaires qui nous ont opprimés pendant vingt-cinq ans? N'a-ce pas été pour nous châtier que vous avez permis que le fléau de la guerre moissonnât tous nos jeunes gens, et que des millions d'hommes devinssent les tristes et déplorables victimes de tant de calamités? Nous l'avouons, Seigneur, nous le reconnoissons en votre divine présence, ce sont nos péchés qui ont attiré sur nous tous les malheurs que nous avons éprouvés. En perdant les enfans de Saint Louis, n'étant plus dignes de les avoir pour nous gouverner, nous avons perdu la paix, le bonheur, les avantages de la religion, et tous les autres biens; mais enfin, plus touchés de nos malheurs que des droits de votre justice, vous avez rendu à notre amour nos Princes légitimes, en nous délivrant du joug de fer d'un vil et lâche usurpateur, et avec eux, vous nous avez rendu la paix et remplis des plus flatteuses espérances pour l'avenir.

Hélas! Seigneur, par où avons-nous pu mériter ce bienfait de votre miséricorde? Nous l'avouons encore, ce n'est point à nos œuvres, nous n'en sommes redevables qu'à cet excès d'amour que vous avez pour les hommes, qu'aux prières du saint Roi martyr, qui, en mourant, prioit encore pour son peuple; qu'à celles de cette pieuse Reine, qui, allant à la mort, disoit comme par un esprit prophétique aux aveugles insensés qui l'outrageoient, que ses maux alloient finir, et que les leurs alloient commencer. Nous ne le devons qu'aux humbles supplications de tant de Pontifes,

de tant de prêtres et de tous les justes, victimes
de la rage révolutionnaire , qui maintenant,
au pied de votre trône dans le ciel, ne cessent
d'intercéder pour les peuples que vous leur aviez
confiés sur la terre; nous le devons enfin à ces
âmes saintes et privilégiées, qui, dans le secret
de la retraite, ne cessent de vous adresser des
prières ferventes pour le salut de leurs frères.

Accordez-nous donc , ô mon Dieu ! ce cœur
contrit et humilié que vous ne rejetez jamais ;
donnez à toute la France de faire une pénitence
salutaire , qui vous soit agréable, qui désarme
votre juste colère, nous mérite enfin le pardon
que nous vous supplions de nous accorder par
les mérites de notre adorable Sauveur qui a été
immolé pour la rémission des péchés de tout le
monde , et par qui seul nous pouvons mériter
d'avoir accès auprès de vous.

*Parce , Domine , parce populo tuo , ne in
æternum irascaris nobis.*

On a cru faire plaisir et entrer dans l'intention des âmes
pieuses, que d'ajouter aux prières précédentes la suivante
pour le Roi et la Famille Royale.

Seigneur Dieu tout-puissant , seul Roi de
gloire et immortel, à qui seul appartiennent
l'honneur et la louange dans tous les siècles; vous
qui, du haut des cieux, gouvernez toutes les
nations; vous que toutes les puissances célestes
adorent avec un respectueux tremblement ; vous
que tous les Rois et tous les peuples de l'univers

révèrent par leurs hommages et leurs adorations, en reconnoissant votre souverain domaine sur eux : jetez, nous vous en supplions, un regard favorable sur le royaume de France, sur ce royaume que vous avez rendu, dans votre miséricorde, à son Roi légitime, après vingt-cinq ans de malheurs et de calamités. Ah ! Seigneur, ne nous traitez pas, nous vous en supplions, selon la grandeur et l'énormité des crimes qui se sont commis pendant ces jours de trouble et de désolation ; mais traitez-nous plutôt selon vos infinies miséricordes. Si les péchés des hommes crient et demandent vengeance au ciel contre notre malheureuse patrie, que le Sang de votre Fils adorable qui a réconcilié la terre avec le ciel, crie et demande grâce pour les pécheurs ! Que le pardon, aussi entier que sincère et généreux d'un saint Roi martyr, et celui de cette auguste et pieuse Reine, qui, en mourant, ne surent, à l'exemple du Sauveur, que pardonner à leurs bourreaux, à leurs sujets rebelles ; que ce pardon, si religieusement respecté de son auguste frère, soit aussi, ô mon Dieu ! celui que vous accordiez à votre peuple.

Sauvez, Seigneur, nous vous en supplions, sauvez et bénissez notre désiré Monarque. Remplissez-le de l'esprit de sagesse, comme vous en remplîtes autrefois Salomon, « afin qu'il nous » gouverne dans l'équité, et qu'il prononce » les jugemens avec un cœur droit : donnez-lui » cette sagesse qui est assise auprès de vous » sur votre trône... puisque vous l'avez choisi

» pour être le Roi de votre peuple... Envoyez
» la sagesse du ciel, votre sanctuaire, et du trône
» de votre grandeur, afin qu'elle soit et travaille
» avez lui, et qu'il sache ce qui vous est agréa-
» ble. » (*Sagesse, chap.* 9.)

Non seulement, Seigneur, nous vous supplions de bénir notre Roi ; mais regardez également d'un œil favorable, nous vous en conjurons, tous les Princes de la Famille royale, cette vertueuse Princesse, qui, après avoir partagé la douloureuse et pénible captivité des illustres auteurs de ses jours, les a vus arracher de ses bras pour consommer leur vie par un glorieux martyre. Soyez vous-même, ô mon Dieu, leur consolation, leur joie et leur couronne, afin que, jouissant de la paix sous leur gouvernement paternel, nous puissions pratiquer votre loi sainte, et observer inviolablement vos commandemens, et par là même mériter d'être tous réunis dans l'éternité bienheureuse. Accordez-nous toutes ces grâces au nom et par les mérites de J. C. N. S.

Ainsi soit-il.

IMPRIMERIE DE LE NORMANT, RUE DE SEINE, N° 8.

* 9 7 8 2 0 1 2 8 4 3 8 9 9 *